8° F Pièce
1890

AF247243

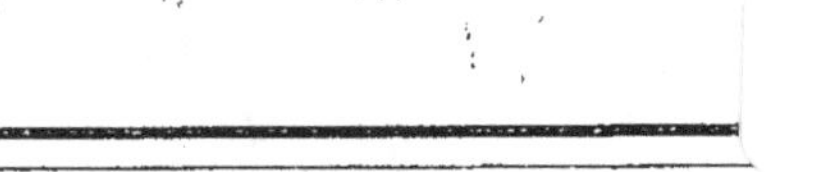

RÉPUBLIQUE FRANÇAISE.

MINISTÈRE DE LA GUERRE.

RÈGLEMENT

SUR LA PARTICIPATION

DES ADMINISTRATIONS DE CHEMINS DE FER

Au recrutement, à l'instruction technique et à la constitution

DES EFFECTIFS DE GUERRE

DU 5ᵉ RÉGIMENT DU GÉNIE

DIT RÉGIMENT DE SAPEURS DE CHEMINS DE FER.

(Extrait du *Bulletin officiel*, partie réglementaire,
année 1891, n° 53.)

PARIS
11, *place Saint-André-des-Arts.* ‖ **LIMOGES**
46, *Nouvelle route d'Aixe*, 46.

IMPRIMERIE ET LIBRAIRIE MILITAIRES

HENRI CHARLES-LAVAUZELLE

ÉDITEUR

1891

RÉPUBLIQUE FRANÇAISE.

———

MINISTÈRE DE LA GUERRE.

Règlement sur la participation des administrations de chemins de fer au recrutement, à l'instruction technique et à la constitution des effectifs de guerre du 5ᵉ régiment du génie, dit régiment de sapeurs de chemins de fer (D. Gén. ; Personnel du Génie.)

Paris, le 28 novembre 1891.

Le présent règlement a pour objet de fixer les détails d'exécution de la convention passée, le 18 novembre 1891, entre le Ministre de la guerre et les administrations des six grands réseaux des chemins de fer français et du réseau de l'Etat.

TITRE Iᵉʳ.

EMPLOYÉS DE CHEMINS DE FER AFFECTÉS AU 5ᵉ RÉGIMENT DU GÉNIE.

Art. 1ᵉʳ. Le contingent attribué annuellement au 5ᵒ régiment du génie comprend un certain nombre d'employés de chemins de fer, désignés par le Ministre de la guerre, d'après les listes fournies à cet effet par les administrations des six grandes compagnies de chemins de fer et du réseau de l'Etat.

Art. 2. Le 5ᵉ régiment du génie comprend, sur le pied de paix, outre son effectif soldé, des soldats de l'armée active détachés sur les réseaux, dans les conditions prévues au titre II ci-après, en vue d'y acquérir certaines connaissances professionnelles utilisables pour le service militaire des chemins de fer. Ces hommes doivent rejoindre leur corps au premier appel.

Art. 3. Les employés de chemins de fer qui, au moment de leur envoi dans la disponibilité ou de leur passage dans la réserve, comptaient au 5ᵒ régiment du génie et sont par suite affectés à ce régiment comme réservistes, ne peuvent, avant leur passage dans l'armée territoriale, être classés parmi les employés autorisés, en vertu de l'article 51 de la loi du 15 juillet 1889, sur le recrutement de l'armée, à ne pas rejoindre immédiatement leur corps à la mobilisation.

TITRE II.

HOMMES DE L'ARMÉE ACTIVE DÉTACHÉS SUR LES RÉSEAUX.

Art. 4. Le 15 octobre de chaque année, le Ministre de la guerre détache sur les réseaux des compagnies de chemins de fer un certain nombre de soldats du 5ᵉ régiment du génie pris parmi les appelés de la plus jeune classe ayant encore au moins deux ans de service à faire.

Art. 5. Ces jeunes soldats devront savoir lire et écrire et posséder une instruction militaire suffisante. Ils seront choisis de préférence parmi les hommes qui, avant leur incorporation, étaient employés dans les administrations de chemins de fer aux services *actifs* de la voie, de l'exploitation et de la traction, et seront classés, autant que possible, sur le réseau auquel ils appartenaient avant leur incorporation au service militaire. Ils sont pris indistinctement parmi les sapeurs ou les gradés. Ces derniers sont alors tenus de rendre leurs galons et redeviennent soldats de 2ᵉ classe, mais ils peuvent, dans leur nouvelle situation et sur la proposition de l'administration qui les emploie, recevoir à nouveau de l'avancement dans les conditions spécifiées aux articles 24, 25 et 26 ci-après.

Art. 6. Les hommes détachés sur les réseaux continuent à faire partie de l'armée active et à figurer sur les contrôles du 5ᵉ régiment du génie. Ils demeurent soumis aux règlements militaires comme s'ils étaient présents au corps, et notamment sont justiciables des conseils de guerre pour tous crimes et délits conformément à l'article 56 du Code de justice militaire. Ils ne peuvent correspondre avec leur colonel que par l'intermédiaire de leurs chefs de service et de l'administration qui les emploie, laquelle apostille, s'il y a lieu, leurs demandes. Ils ne peuvent se marier sans l'autorisation du conseil d'administration du régiment; cette autorisation n'est d'ailleurs accordée que dans des circonstances tout à fait exceptionnelles.

En cas de maladie, ils sont admis dans les hôpitaux comme les autres soldats de l'armée active dans les conditions indiquées à l'article 11 ci-après.

Art. 7. Aux termes des conventions intervenues, le nombre d'hommes à détacher annuellement sur les réseaux par le 5ᵉ régiment du génie est de 192 répartis comme il est indiqué ci-après :

Sur le réseau de l'Ouest		20
Id.	du Nord	30
Id.	de l'Est	18
Id.	de P.-L.-M	36
Id.	d'Orléans	30
Id.	du Midi	18
Id.	de l'Etat	30

Ils sont affectés savoir :

Les deux tiers au service de la voie ;
Un sixième au service de l'exploitation ;
Un sixième au service de la traction.

Dans aucun des services, les hommes détachés ne peuvent être employés dans les bureaux comme expéditionnaires, comptables, dessinateurs ou hommes de peine. Aucun d'eux n'est classé à l'administration centrale.

Art. 8. Ces hommes sont considérés comme détachés de leur régiment pour un laps de temps non limité.

Au moment où ils sont envoyés sur les réseaux, on inscrit sur leur livret individuel la mutation dont ils sont l'objet, et on insère, en outre, dans ce livret un fascicule spécial (modèle A) contenant, outre l'indication des obligations auxquelles ils sont astreints, un ordre de route pour le cas de mobilisation, une feuille pour l'inscription de leurs résidences et emplois successifs, enfin des récépissés de livret.

Ils sont envoyés par détachements dans les localités indiquées par les directeurs des compagnies pour être dirigés, de là, sur les points du réseau où ils seront employés, après inscription sur leur livret (page 3 du fascicule spécial) de l'emploi et de la résidence qui leur sont assignés.

A leur arrivée à destination, ils doivent se présenter à la gendarmerie, qui appose son visa sur le livret (page 3 du fascicule).

Art. 9. Toutes les fois que le chef de service d'un homme détaché sur les réseaux lui retire son livret individuel, il lui remet en échange un récépissé extrait du fascicule spécial de ce livret et revêtu de sa signature.

Art. 10. Pendant leur séjour sur les réseaux, les hommes détachés sont à la disposition des administrations de chemin de fer, qui peuvent modifier leur résidence suivant les besoins du service.

Les chefs de service inscrivent sur les livrets individuels (pages 3 et 4 du fascicule spécial) les résidences et emplois successifs.

A chaque changement de résidence, l'homme doit se présenter au départ et à l'arrivée, porteur de son livret individuel, à la gendarmerie, qui appose son visa (pages 3 et 4 du fascicule spécial) dans les deux cases réservées à cet usage.

Art. 11. Tout sapeur détaché sur les réseaux qu'il y a lieu de faire admettre *d'urgence* à l'hôpital doit être envoyé directement à cet hôpital, par les soins de l'administration qui l'emploie, porteur d'un certificat de maladie, signé par le médecin de la compagnie, indiquant sa qualité de militaire et spécifiant qu'il doit être reçu sans formalité préalable, en raison de la gravité de son état.

Lorsqu'il n'y a pas urgence, l'homme doit se présenter au bureau du commandant d'armes ou du commandant de la gendarmerie de la ville dans laquelle se trouve l'hôpital, en vue de faire établir les pièces régulières nécessaires pour son admission.

Art. 12. Les administrations peuvent accorder des permissions ne dépassant pas huit jours ; au delà de cette durée, toute demande de permission doit être présentée par l'intéressé à la gendarmerie locale avec l'avis de son chef de service ; cette demande est transmise au général commandant la subdivision territoriale.

Art. 13. Lorsque l'homme quitte la compagnie qui l'emploie, soit pour défaut d'aptitude, soit pour manquement à son service, l'administration de la compagnie adresse à la gendarmerie du lieu où il réside un bulletin destiné à obtenir son renvoi au régiment.

Cet homme est immédiatement mis en route par les soins de l'autorité militaire qui informe le 5ᵉ régiment du génie. L'administration du chemin de fer fait, en même temps, parvenir au colonel l'avis du renvoi avec le motif à l'appui.

Aucun homme ne peut être renvoyé au corps pour convenance personnelle.

Si un homme quitte son poste sans autorisation, il est signalé au plus tôt par son chef de service à la gendarmerie locale ; à partir du moment où la gendarmerie est informée, cet homme est considéré comme absent illégalement et devient passible des mêmes peines que les militaires quittant leur corps sans autorisation. Quelle que soit la durée de l'absence, l'homme est, à son retour, renvoyé au régiment.

Tout homme qui rentre à son corps est immédiatement remplacé par un homme de la même classe, à moins qu'il ait moins d'un an de service à faire, auquel cas il n'est pas remplacé. Le militaire ainsi envoyé en remplacement est l'objet des mêmes mesures que ceux détachés annuellement au 15 octobre.

Art. 14. Les mutations de réseau à réseau ne peuvent avoir lieu que par permutation dans un même service, sur l'autorisation du colonel. Les demandes des intéressés, revêtues de l'avis des directeurs des deux compagnies, sont adressées, avec leur livret individuel, à cet officier supérieur, qui avise de la décision prise les deux administrations de chemins de fer, en revoyant les livrets rectifiés, et la permutation s'effectue à la diligence de ces administrations, sans autres formalités et écritures que celles prescrites à l'article 10 pour les changements de résidence sur un même réseau.

Art. 15. Les hommes détachés sur chaque réseau sont visités

tous les ans par un capitaine du 5ᵉ régiment du génie, qui les voit sur place, de façon à se rendre compte de leur emploi et de l'instruction qu'ils ont acquise en vue des services auxquels ils seront affectés en cas de guerre.

Ces visites ont lieu à des époques variables déterminées chaque année, sur la proposition du colonel, par le général commandant la brigade du génie du gouvernement militaire de Paris, qui désigne les officiers et donne les ordres nécessaires pour leur mise en route.

Les administrations des compagnies de chemin de fer sont avisées.

Les capitaines chargés de ces missions fournissent des rapports qui sont communiqués au Ministre par la voie hiérarchique.

Art. 16. Chaque année, les hommes détachés appartenant à la classe qui doit passer dans la réserve au mois de novembre sont convoqués à Versailles pour une période d'instruction de vingt-huit jours commençant le premier lundi de mai.

La convocation a lieu sur ordre d'appel individuel émanant de M. le gouverneur militaire de Paris et transmis par la gendarmerie.

En outre, le colonel commandant le 5ᵉ régiment du génie enverra chaque année, un mois à l'avance, la liste des hommes convoqués aux compagnies de chemin de fer, qui informeront directement les agents de la date à laquelle ils devront rejoindre leur corps.

Le retour a lieu sur la présentation du livret individuel dûment complété à cet effet (page 1 du fascicule spécial) par le colonel.

Les diverses prescriptions administratives et les mesures d'ordre relatives aux appels des réservistes sont applicables aux convocations des hommes détachés.

Art. 17. L'ordre général de mobilisation constitue un ordre de rappel pour les hommes détachés sur les réseaux et non encore rappelés. Dès qu'ils en ont connaissance, ils sont tenus de se rendre au régiment sans délai et par les moyens les plus rapides. Ils font, au préalable, viser et dater par leur chef de service l'ordre de route qui figure à la page 1 du fascicule spécial de leur livret, ou, s'ils ne sont pas en possession de ce livret, l'avis de rejoindre figurant au bas du récépissé qu'ils doivent avoir entre les mains.

Art. 18. A l'époque de leur envoi dans la disponibilité ou la réserve de l'armée active, les hommes détachés sur les réseaux reçoivent du colonel du 5ᵉ régiment un certificat modèle B constatant leur nouvelle position. Munis de ce certificat, ils se présentent au sous-intendant militaire, qui leur délivre une feuille de route pour rejoindre la résidence où ils ont déclaré se retirer.

Art. 19. A leur passage dans la réserve, les hommes détachés sur les réseaux rentrent dans la loi commune au point de vue de leurs obligations envers l'autorité militaire. Ainsi qu'il est spécifié à l'article 3, ceux des réservistes qui continuent à être employés sur les réseaux ne peuvent, avant leur passage dans l'armée territoriale, être classés parmi les employés de chemin de fer autorisés à ne pas rejoindre immédiatement leur corps à la mobilisation.

TITRE III.

OFFICIERS DE RÉSERVE ET GRADÉS FOURNIS PAR LES ADMINISTRATIONS DE CHEMINS DE FER.

Art. 20. Les officiers de réserve des compagnies de sapeurs de chemins des fer se recrutent en principe parmi les agents des administrations de chemins de fer. Toutefois, un certain nombre de ces emplois peuvent être attribués à d'anciens sous-officiers du 5ᵉ régiment du génie et à des ingénieurs des ponts et chaussées ayant fait un stage d'une année à ce régiment.

Mais la proportion des emplois d'officier de réserve attribuée aux agents provenant des services de l'exploitation et de la traction devra être maintenue autant que possible. En cas d'insuffisance dans le nombre des agents de chemins de fer proposés pour le grade d'officier de réserve, les ingénieurs des ponts et chaussées et les anciens sous-officiers qu'il y aurait lieu de nommer pour combler les vacances, le seront de préférence en remplacement d'agents du service de la voie.

Art. 21. Les officiers de réserve provenant des administrations de chemins de fer sont choisis par tiers parmi les agents actifs de la voie, de l'exploitation et de la traction, compris par leur âge dans l'armée active, l'armée territoriale ou leurs réserves.

Les propositions présentées en leur faveur devront donner sur leurs emplois antérieurs et la situation qu'ils occupent à la compagnie des renseignements suffisamment précis et détaillés pour qu'il soit possible d'apprécier leur valeur et de se rendre compte des services qu'ils peuvent rendre.

Le tableau ci-après indique le nombre maximum d'officiers de réserve qui pourront être demandés à chacune des administrations de chemins de fer. :

Ouest	12
Nord	12
Est	9
P.-L.-M.	18
Orléans	12
Midi	9
Etat	6

Art. 22. Lorsqu'il y a lieu de pourvoir à un emploi d'officier de réserve de cette catégorie, le Ministre de la guerre en informe l'administration de chemins de fer intéressée. Cette administration adresse alors au colonel du 5ᵉ régiment du génie un mémoire de proposition (modèle C) accompagné de l'acte de naissance du candidat, d'un extrait du casier judiciaire et d'un relevé de ses services.

Les agents appartenant comme réservistes au 5ᵉ régiment du génie ne peuvent être proposés pour officiers de réserve qu'autant qu'ils ont fait le stage légal dans le grade de sous-officier.

Le colonel, après s'être assuré que le candidat remplit les conditions requises, transmet la proposition au Ministre par la voie hiérarchique.

Art. 23. Les officiers de réserve nommés dans ces conditions sont assujettis, tous les deux ans, à une période d'instruction de vingt-huit jours. L'ordre de convocation est transmis, pour avis, au directeur de leur administration. par le colonel du 5ᵉ régiment, quinze jours avant le moment fixé pour leur arrivée à ce régiment.

L'époque de la convocation coïncide soit avec celle de l'appel des réservistes, soit avec celle de l'appel des hommes détachés sur les réseaux.

Art. 24. Les cadres des sous-officiers et caporaux des compagnies de sapeurs de chemins de fer peuvent, suivant les besoins, être complétés à l'effectif de guerre par un certain nombre de gradés choisis dans les administrations de chemins de fer parmi les sapeurs détachés sur les réseaux ou les réservistes en provenant et compris dans les catégories suivantes :

Sous-officiers.
- sous-chefs mécaniciens ;
- sous-chefs de gare et télégraphistes ;
- sous-chefs charpentiers ;
- sous-chefs poseurs.

Caporaux.
- mécaniciens ;
- employés de gare et télégraphistes.

Les sapeurs proposés pour l'emploi de sous-officier sont d'abord promus caporaux. Ils ne peuvent être nommés sous-officiers que lorsqu'ils ont fait le stage légal dans le grade de caporal, et lors d'un nouvel appel.

Art. 25. Pour la nomination des gradés de cette catégorie, il est procédé comme il suit :

Un mois avant les périodes d'appel, le colonel demande au directeur de chacune des compagnies de lui adresser des états de proposition (état modèle D) en faveur de ceux des hommes convoqués qui paraissent posséder les aptitudes techniques voulues pour avoir de l'avancement. Il leur indique le nombre maximum des propositions à établir, d'après le nombre des vacances existant ou à prévoir dans les cadres de guerre des compagnies.

Les anciens gradés qui ont rendu volontairement leurs galons pour être détachés sur les réseaux seront compris d'office sur les états de proposition établis par les directeurs des compagnies, mais ils seront, s'il y a lieu, notés par eux comme n'ayant pas les qualités techniques voulues.

Les candidats sont réunis à leur arrivée au corps en un peloton d'instruction et spécialement préparés aux fonctions du grade pour lequel ils sont proposés. A la fin de la période, ils sont examinés et portés, s'il y a lieu, sur un tableau d'avancement spécial soumis à l'approbation du général commandant la brigade du génie du gouvernement militaire de Paris.

Les directeurs des compagnies sont informés de la suite donnée aux propositions.

Les nominations ont lieu, au fur et à mesure des besoins, d'après le tableau d'avancement ainsi établi. Elles sont notifiées aux intéressés par l'intermédiaire des administrations au moyen d'un bulletin (modèle E), portant récépissé à retourner au corps.

Art. 26. Les nominations aux grades de sous-officier et de caporal sont faites par le colonel; les grades ainsi conférés sont définitivement acquis, lors même que les titulaires viendraient à quitter les compagnies, et ne peuvent plus être perdus que par cassation ou remise volontaire des galons dans les formes habituelles.

TITRE IV.

DÉTACHEMENT SUR LES RÉSEAUX DE FRACTIONS CONSTITUÉES DU 5ᵉ RÉGIMENT DU GÉNIE.

Art. 27. Dans le but d'initier un certain nombre d'officiers, de gradés et d'hommes de troupe aux détails du service de l'exploitation et de la traction, le 5ᵉ régiment du génie exploite d'une façon continue, pour le compte de l'administration des chemins de fer de l'Etat, la ligne de Chartres à Orléans.

Les conditions de cette exploitation sont fixées par des conventions spéciales.

Art. 28. Chaque année, après entente avec les administrations de chemins de fer intéressées, un certain nombre de compagnies du 5ᵉ régiment du génie peuvent être détachées pendant deux ou trois mois sur les réseaux, en vue d'y exécuter, à titre d'exercice, pour le compte de ces administrations de chemins de fer, et dans les conditions fixées de concert avec elles, des travaux de pose et de réfection de voie.

Art. 29. De plus, le 5⁰ régiment pourra envoyer, sur la demande des administrations de chemins de fer, sur les réseaux des détachements chargés de lancer ou de construire des ponts métalliques ou en charpente, de réparer des voies détruites, de rétablir la circulation interrompue par suite d'accidents (déraillements, inondations, etc.), de remettre en état des alimentations, de faire, en un mot, tous les travaux ayant pour but le rétablissement de l'exploitation sur une ligne mise momentanément hors d'usage.

La procédure à suivre pour la demande d'un détachement et les conditions dans lesquelles sont assurés les transports de la troupe et l'exécution des travaux feront l'objet d'une convention spéciale passée avec les administrations de chemins de fer.

TITRE V.

CONTROLES ET ÉTATS A FOURNIR.

Art. 30. Un mois au moins avant le départ des hommes détachés annuellement sur les réseaux, le colonel du 5⁰ régiment du génie adresse aux administrateurs de chemins de fer un contrôle nominatif (modèle F) des sapeurs qui seront mis à leur disposition, afin de permettre au directeur de désigner l'endroit sur lequel ceux-ci doivent être dirigés.

Un état semblable est envoyé pour les remplacements d'isolés.

Art. 31. Au commencement de chaque année, le 31 janvier au plus tard, les administrations de chemins de fer adressent au colonel un contrôle nominatif (modèle F), par classe et par emploi, des hommes détachés sur les réseaux et des réservistes affectés au 5⁰ régiment du génie.

Avant l'expiration du 1ᵉʳ mois de chaque trimestre, elles adressent au colonel un état de mutation (modèle G) de tous les changements survenus dans le trimestre précédent.

Art. 32. Indépendamment des états trimestriels, les directeurs des compagnies préviennent immédiatement le colonel par un bulletin (modèle G) de toutes les mutations survenant entre l'envoi du contrôle annuel et la convocation du mois de mai, dans la position des hommes qui doivent être appelés. L'envoi de cet état a pour objet d'éviter les erreurs dans la transmission des ordres d'appel.

Art. 33. Le colonel et les directeurs des six grandes compagnies et du réseau de l'Etat correspondent en franchise pour toutes les questions relatives à l'administration des hommes détachés et pour l'envoi des livrets et autres pièces d'archives.

Art. 34. Le présent règlement, dont les dispositions ont été

(*)

concertées avec les administrations des six grandes compagnie et du réseau de l'Etat, annule et remplace celui du 11 juillet 1886, sur l'organisation des troupes du génie affectées au service des chemins de fer.

Paris, le 28 novembre 1891.

Le Président du conseil, Ministre de la guerre,

Signé : C. DE FREYCINET.

ODÈLE A.

FASCICULE SPÉCIAL A INSÉRER DANS LE LIVRET INDIVIDUEL

1

SAPEUR DU 5ᵉ RÉGIMENT DU GÉNIE
Détaché sur les réseaux de chemins de fer.

ORDRE DE ROUTE
POUR LE CAS DE MOBILISATION

ARMÉE ACTIVE

Le Ministre de a guerre ordonne au Sʳ..

.... au 5ᵉ régiment du génie,
nᵒ mˡᵉ .... , détaché sur les réseaux de chemins de fer, de rejoindre
son régiment à Versailles ....
sans délai et par les moyens les plus rapides.

Le Colonel commandant le 5ᵉ régiment du génie,

Vu au départ : A.. , le .... 18.......
Le ⁽¹⁾... de la compagnie des chemins de fer
d ....

(1) Le chef de service.

Visa devant servir au retour après la période d'instruction
réglementaire.

Vu bon pour se rendre à.. canton d ....
département d .... sa résidence actuelle partant de Versailles le ....18......, après avoir accompli une période
d'instruction au 5ᵉ régiment du génie, du .... au..............................,
et mandaté à la somme de...

Versailles, le ....18.........

Le Colonel,

2

Les soldats du 5e régiment du génie détachés sur les réseaux sont astreints aux mêmes devoirs que s'ils étaient présents au corps.

Ils ne peuvent correspondre avec leur colonel que par l'intermédiaire de leurs chefs de service et de l'administration qui les emploie, laquelle donne son avis sur leur demande.

Ils ne peuvent se marier sans l'autorisation du conseil d'administration de leur régiment. Cette autorisation n'est accordée que dans des circonstances tout à fait exceptionnelles.

En cas de maladie, ils sont admis dans les hôpitaux comme tous les autres soldats de l'armée active.

Pendant tout le temps qu'ils sont détachés sur les réseaux, ils n'ont droit à aucune prestation ni à aucune distribution d'effets ; il ne leur est rien rappelé à leur rentrée au corps. En cas de retour au régiment, ils devront rapporter leur livret et tous les effets qu'ils auraient pu emporter à leur départ.

Conformément à l'article 56 du Code de justice militaire, ils sont justiciables des conseils de guerre pour tous crimes ou délits, sauf les exceptions portées au titre IV du livre II.

Les emplois et résidences qui leur sont assignés sont inscrits sur leur livret (page no 3 du présent fascicule) par les soins de l'administration des chemins de fer qui les emploie.

Dans chacune de leurs résidences successives, ils doivent faire viser leur livret (page no 3 du présent fascicule) par la gendarmerie à l'arrivée et au départ.

Aucun changement de réseau ne peut avoir lieu que par permutation, sur l'autorisation du colonel du 5e régiment.

A la mobilisation, ces militaires rejoignent le 5e régiment du génie à Versailles, sans délai et par les moyens les plus rapides. L'ordre de route insérée à la page 1 du présent fascicule leur tient lieu de feuille de route, après avoir été visé et daté par leur chef de service.

Ils sont renvoyés à leur corps, en cas d'inconduite, inaptitude ou manquement à leurs devoirs.

3

POSITIONS SUCCESSIVEMENT OCCUPÉES.

DATES de la DÉSIGNATION pour l'emploi ou la résidence.	EMPLOIS et RÉSIDENCES SUCCESSIVES.	VISAS DE LA GENDARMERIE	
		à l'arrivée.	au départ.
	Réseau d .... Commune d........... Canton d	Vu arrivé lo .... Commune d .... Canton d........... *Le com¹ de gendarmerie,*	Vu au départ lo .... *Le com¹ de gendarmerie,*
	Réseau d .... Commune d........... Canton d...........	Vu arrivé lo .... Commune d .... Canton d........... *Le com¹ de gendarmeric,*	Vu au départ lo .... *Le com¹ de gendarmerie,*
	Réseau d .... Commune d........... Canton d	Vu arrivé lo .... Commune d .... Canton d........... *Le com¹ de gendarmerie,*	Vu au départ lo .... *Le com¹ de gendarmerie,*
	Réseau d .... Commune d........... Canton d...........	Vu arrivé lo .... Commune d .... Canton d........... *Le com¹ de gendarmerie,*	Vu au départ lo .... *Le com¹ de gendarmerie,*

(**)

4

POSITIONS SUCCESSIVEMENT OCCUPÉES.

DATES de la DÉSIGNATION pour l'emploi ou la résidence.	EMPLOIS et RÉSIDENCES SUCCESSIVES.	VISAS DE LA GENDARMERIE	
		à l'arrivée.	au départ.
	Réseau d .... Commune d .... Canton d	Vu arrivé le .... Commune d .... Canton d .... *Le com¹ de gendarmerie,*	Vu au départ le .... *Le com¹ de gendarmerie,*
	Réseau d .... Commune d .... Canton d	Vu arrivé le .... Commune d .... Canton d .... *Le com¹ de gendarmerie,*	Vu au départ le .... *Le com¹ de gendarmerie,*
	Réseau d .... Commune d .... Canton d	Vu arrivé .... Commune d .... Canton d .... *Le com¹ de gendarmerie,*	Vu au départ le .... *Le com¹ de gendarmerie,*
	Réseau d .... Commune d .... Canton d	Vu arrivé le .... Commune d .... Canton d .... *Le com¹ de gendarmerie,*	Vu au départ le .... *Le com¹ de gendarmerie,*

Pages 5, 7, 9, 11, 13, 15 semblables.

Lorsqu'il y aura lieu de détacher ce récépissé, procéder avec le plus grand soin en suivant le pointillé.

5

ADMINISTRATION DES CHEMINS DE FER

D..

RÉCÉPISSÉ DE LIVRET INDIVIDUEL

Reçu le Livret individuel du sieur......................................
..............................du 5º régiment du génie, Nº matricule............
détaché sur les réseaux.

A......................................., le........................ 18......

Le(1) ....

Le sieur.. doit, en cas de mobilisation, rejoindre son régiment à Versailles sans délai et par les moyens les plus rapides.

Vu au départ : A......................................, le........................ 18......

Le (2).. de la Compagnie des
chemins de fer d..

(1) Qualité du Chef de service signataire auquel l'homme aura remis son livret.
(2) Chef de service.

Pages 6, 8, 10, 12, 14, 16 semblables.

6

Les soldats du 5e régiment du génie détachés sur les réseaux sont astreints aux mêmes devoirs que s'ils étaient présents au corps.

Ils ne peuvent correspondre avec leur colonel que par l'intermédiaire de leurs chefs de service et de l'administration qui les emploie, laquelle donne son avis sur leur demande.

Ils ne peuvent se marier sans l'autorisation du conseil d'administration de leur régiment : cette autorisation n'est accordée que dans des circonstances tout à fait exceptionnelles,

En cas de maladie, ils sont admis dans les hôpitaux comme tous les autres soldats de l'armée active.

Pendant tout le temps qu'ils sont détachés sur les réseaux, ils n'ont droit à aucune prestation ni à aucune distribution d'effets ; il ne leur est rien rappelé à leur rentrée au corps. En cas de retour au régiment, ils devront rapporter leur livret et tous les effets qu'ils auraient pu emporter à leur départ.

Conformément à l'article 56 du Code de justice militaire, ils sont justiciables des conseils de guerre pour tous crimes et délits, sauf les exceptions portées au titre IV du livre II.

Les emplois et résidences qui leur sont assignés sont inscrits sur leur livret (page no 3 du présent fascicule) par les soins de l'administration des chemins de fer qui les emploie.

Dans chacune de leurs résidences successives, ils doivent faire viser leur livret (page 3 du présent fascicule) par la gendarmerie, à l'arrivée et au départ.

Aucun changement de réseau ne peut avoir lieu que par permutation, sur l'autorisation du colonel du 5e régiment.

A la mobilisation, ces militaires rejoignent le 5e régiment du génie à Versailles, sans délai et par les moyens les plus rapides. L'ordre de route inséré à la page 1 du présent fascicule leur tient lieu de feuille de route, après avoir été visé et daté par leur chef de service.

Ils sont renvoyés à leur corps, en cas d'inconduite, inaptitude ou manquement à leurs devoirs.

Modèle B.

5ᵉ RÉGIMENT DU GÉNIE.

Certificat d'envoi en congé en attendant la libération du service de l'armée active.

Le Conseil d'administration du 5ᵉ régiment du génie déclare que le nommé   dudit régiment actuellement détaché à   , sur le réseau de la Compagnie des chemins de fer d   , en vertu de la convention du 18 novembre 1891.

Né à   , département d   , domicilié avant son entrée au service à   département d   , servant comme   , compris sur la liste de recrutement de la classe 18   , du canton d   , subdivision de région d   , doit être envoyé en disponibilité le   en attendant son passage dans la réserve de l'armée active, le   et renvoyé dans ses foyers à

Le présent certificat est délivré, afin qu'il puisse se présenter, s'il y a lieu, à la sous-intendance la plus voisine, pour se faire délivrer une feuille de route avec indemnité pour se rendre dans ses foyers.

D'après un accord intervenu avec la Compagnie d cet homme cessera d'être considéré comme présent sous les drapeaux à dater du   ; c'est à cette date qu'il sera rayé des contrôles du corps.

Versailles, le   18   .

Pour les membres du Conseil d'administration :
Le Colonel, président,

NOTA. — Tout homme libéré du service actif qui se retire dans une localité autre que celle où il est inscrit pour son tirage au sort et qui y séjourne pendant plus d'un mois doit, conformément à l'article 55 de la loi du 15 juillet 1889, en faire la déclaration à la gendarmerie de la localité où il arrive. Le visa sera donné à une des pages du livret individuel.

GÉNIE.

—

5ᵉ RÉGIMENT.
(Sapeurs de chemins de fer.)

MODÈLE C.

RÉSEAU DU CHEMIN DE FER

d

—

PROPOSITION POUR OFFICIER DE RÉSERVE.

Etat de proposition de nomination au grade de sous-lieutenant, en faveur de M.   né à
le   , entré au service de la compagnie,
le

Emplois successifs occupés à la compagnie.

Résidence actuelle.
- Commune :
- Canton :
- Département :

Marié ou célibataire

Renseignements au point de vue du recrutement.
- 1° Classe à laquelle appartient le candidat.
  - Recrutement :
  - Mobilisation :
- 2° Subdivision de recrutement dans laquelle il a satisfait à la loi.
- 3° Canton et numéro de tirage au sort.
- 4° S'il a servi.
  - Date de l'entrée au service :
  - Corps dans lequel il a servi :

Indications relatives aux services militaires antérieurs du candidat.
- 1° Dernier grade :
- 2° Décorations.
  - Légion d'honneur :
  - Médaille militaire :
- 3° Durée des services (1) et campagnes.
  - ans, mois, jours.
  - campagnes.
- 4° Blessures et faits de guerre méritant d'être cités :

Aptitudes militaires.
- Aptitude à faire campagne :
- Equitation :

Extrait des notes.
- 1° Conduite :
- 2° Principes :
- 3° Tenue :

(1) Cette durée ne comprend que le temps de présence effective sous les drapeaux.

Instruction générale (grades universitaires et cours suivis par le candidat).

Instruction technique.

Langues étrangères.

Appréciation de la valeur générale du candidat.

Le Chef de service,

OBSERVATIONS DU DIRECTEUR DE LA COMPAGNIE.

Le Directeur de la compagnie,

GÉNIE.
—
5ᵉ RÉGIMENT.
(Sapeurs de chemins de fer.)

RÉSEAU DU CHEMIN DE FER

d

PROPOSITIONS POUR SOUS-OFFICIER OU CAPORAL.

Etat de proposition de nomination au grade de
en faveur de
né à   , *entré au service de la compagnie,*
le   comme
venant du   ᵉ *régiment du génie.*

Capacité et manière
de servir.

Conduite et moralité.

Constitution, santé et
aptitude physique
à un service de
guerre.

Instruction générale.

Instruction techni-
que.

Le Chef de service,

OBSERVATIONS DU DIRECTEUR DE LA COMPAGNIE.

Le Directeur de la compagnie,

MODÈLE E.

GOUVERNEMENT MILITAIRE
DE PARIS.

5e RÉGIMENT DU GÉNIE.

Le sieur   est prévenu que, sur la proposition de son chef de service et par décision de M. le Colonel commandant le 5e régiment du génie, en date du
il a été nommé au grade de

A Versailles, le   18   .

Le Major,

GOUVERNEMENT MILITAIRE
DE PARIS.

5c RÉGIMENT DU GÉNIE.

Je soussigné,   , déclare avoir été
informé que le grade de   m'a été
conféré par décision du

A   , le   18   .

Le Titulaire,

     Modèle F.

RÉSEAU DU CHEMIN DE FER

d

—

CONTROLE NOMINATIF

des hommes destinés à rejoindre, en cas de mobilisation, le 5e régiment du génie à Versailles :

1° Réserve et disponibilité (classes   ).

2° Hommes détachés de l'armée active (classes   ).

NUMÉROS de la compagnie du 5ᵉ régiment dans laquelle ils sont classés.	matricules.	NOMS ET PRÉNOMS. DATE DE LA NAISSANCE. — Lieu de naissance (commune et département).	Date de l'entrée au service militaire. — Titre sous lequel il sert.	Nombre de mois de service accompli au régiment. — Grade obtenu au régiment.	Grade obtenu depuis l'époque de l'envoi sur les réseaux.
					1° Réserve et disponibi-
					2° Hommes détachés de l'armée

Emplois occupés sur les réseaux. — Lieu de résidence.	Notes sur le degré d'instruction professionnelle, la conduite, les connaissances spéciales, etc..	OBSERVATIONS.
lité (classes	).	
active (classes	).	

A Paris, le   18   .

Le

º RÉGIMENT
du
GÉNIE.
—
18 .
º TRIMESTRE.

RÉSEAU DU CHEMIN DE FER D

MODÈLE G.

ETAT DES MUTATIONS survenues pendant le   º trimestre de l'année 18 parmi les hommes destinés à rejoindre, en cas de mobilisation, le 5ᵉ régiment du génie à Versailles.

1º *Réserve et disponibilité (classes   ).*
2º *Hommes détachés de l'armée active (classes   ).*

NUMÉROS de la compagnie du 5ᵉ RÉGIMENT dans laquelle ils sont classés.	MATRICULES.	NOMS, PRÉNOMS ET GRADES.	MUTATIONS (Décès, réforme, changement de résidence, cessation de service, etc., etc.).
		1º *Réserve et disponibilité (classes).*	
		2º *Hommes détachés de l'armée active (classes).*	

A Paris, le   18 .
Le

Paris et Limoges. — Imprimerie militaire Henri CHARLES-LAVAUZELLE.

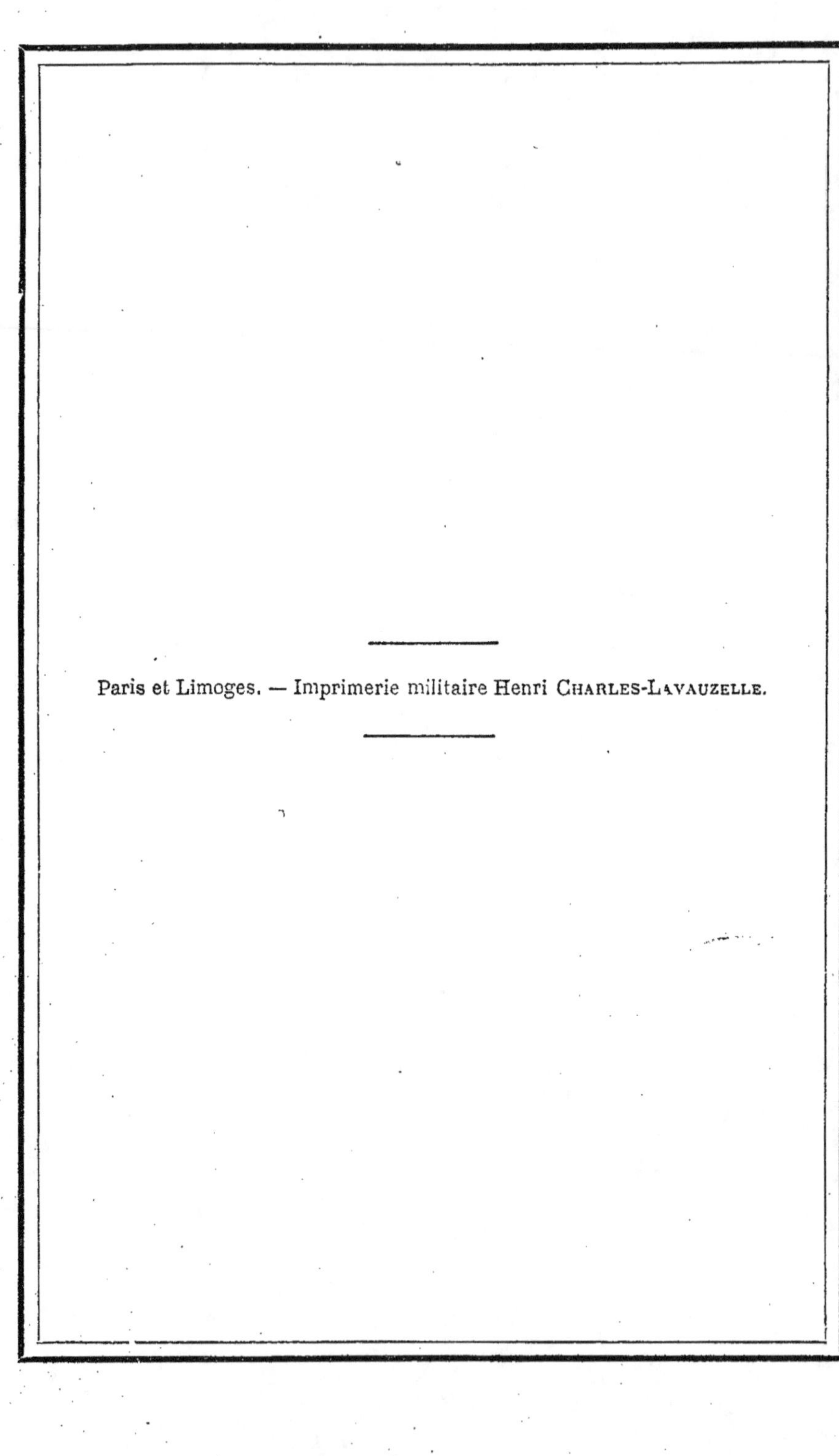

Paris et Limoges. — Imprimerie militaire Henri CHARLES-LAVAUZELLE.

www.ingramcontent.com/pod-product-compliance
Lightning Source LLC
Chambersburg PA
CBHW061754060726
47597CB00007B/2931